FACULTÉ DE DROIT D'AIX.

THÈSE

POUR LA LICENCE,

SOUTENUE

Par Adrien CHARNIER, né à Gap (Hautes-Alpes).

GAP. — IMPRIMERIE DE P. JOUGLARD.

M. DCCC. L.

À mon Père, à mon Oncle, à la mémoire de ma Mère, à mes Frères.

JUS ROMANUM.

DE EXERCITORIA ACTIONE.
[DIGEST. LIB. 14, TIT. 1.]

Ex jure civili, quamvis illo debita qui est alieni juris, domino sint debita; contrarium non valet. Non obligat dominum, etsi debeat, alieni juris persona. Æquitate tamen suadente, et necessitate commercii exigente, jure prætorio, in certis causis, dominus ex obligatione servi, vel præpositi, correaliter tenetur. Illæ actiones, vel partìm, vel in totum valent. His in extremis, præcipue floret actio exercitoria.

Quid de actione exercitoriâ.

Ex Justiniani institutianibus,—Exercitoria tunc locum habet, cùm quis servum suum, magistrum navi præposuerit, et quid cum eo ejus rei gratiâ, cui propositus erit, contractum fuerit.

Exercitoria vocatur, quia exercitor is est, ad quem quotidianus navis quæstus pertinet.

Ex aliis omnibus prætoriis actionibus secernitur. Ab actione *tributoriâ,* nàm exercitoriâ dominus, in integrum, solvere debet;—*tributoriâ* autem, partìm tantùm.

Ab actione de *peculio*—etiamsi tamen istà dominus tenetur, peculium servi tantùm, deducto eo quod ipsi debetur, creditoribus attribuitur.

Ab actione *de in rem verso*—quæ dominum quidem obligat, non eo quod contractum est, sed ex eo quod in rebus domini versum est.

At ab omnibus ejusmodi actionibus secernitur.—Dominus obligatur non solùm servo quem ipse navi præposuit, sed et illo quem magistrum. In omnibus aliis actionibus, obligatio delegati præcipui solùm valet; non ex delegatione.

Exercitoria actio sic vocatur, ab exercitore qui delegat; in institoria institor est qui delegatur.

Cui et adversus quem competit actio exercitoria.

Actio exercitoria datur ei qui contraxit cum præposito navis, adversus exercitorem, adversus que hæredes ejus in perpetuum ad consequendum id quod ex contractu debetur.

Exercitorem eum dicimus, ad quem obventiones et reditus omnes perveniunt. Parvi refert an masculus sit, an mulier, an paterfamilias, an filius familias, vel servus; si tamen pupillus fuerit exigemus tutoris auctoritatem.

Omni qui magistrum obligavit, incumbit actio. Et ex *Juliano*, magistrum accipimus non solùm quem exercitor præposuit, sed et eum quem magister.

Si plures navem exerceant, cum quolibet eorum in solidum agi potest; si per se, pro portionibus exercitionis conveniuntur; neque enim invicem sui magistri videntur. Sed si plures exerceant et unum de munero suo magistrum fecerint, hujus nomine in solidum poterunt conveniri (Ulp. Lib. 29 ad Edict.)

Exercitoria actio non est confundenda cum condictione. In condictione dominus tenetur principaliter et suo nomine; in actione exercitoria tenetur ex contractu alieni, et quodam modo hujus nomine. Itaque sublata principali magistri obligatione, liberatur dominus.

Quamobrem si plures navi magistros præposuerim, divisis officiis, hunc ut navem locet, illum ut merces emat aut vendat, non ex cujuslibet contractu, sed ex contractu quem pro suo officio quisque gesserit tantùm obligari me constat. Si vero indivisis officiis, et simpliciter navi præposuero, singuli, ex suo contratu rite perfecto, me vinculo exercitoriæ præstabunt contrahentibus obligatum.

Ob quas causas datur actio exercitoria et quandiù duret.

Ut suprà diximus, in id tantùm datur actio exercitoria quod exercitor in mandato magistro dederit.

Si mutuam pecuniam magister sumpserit tenebor.

Exercitoria actio in perpetuum et in heredem et heredibus datur.

Extincta obligatione magistri extinguitur obligatio exercitoris.

DROIT CIVIL FRANÇAIS.

DU CAUTIONNEMENT.
[c. civ. art. 2011—2043.]

Le cautionnement est un contrat par lequel une ou plusieurs personnes s'engagent à accomplir l'obligation du débiteur, si ce débiteur ne l'accomplit pas lui-même.

Dans un sens plus étendu, le mot cautionnement peut signifier toute espèce de garantie donnée par le débiteur au créancier.

Nous allons exposer les principes qui régissent ce contrat, nous en examinerons la nature et l'étendue, les qualités que doit offrir la caution, les effets de ce contrat, la manière dont il s'éteint et les règles particulières qui sont imposées à certaines cautions.

Nature et étendue du cautionnement.

La loi n'a prescrit aucune forme pour la validité du cautionnement; il peut être verbal.

Ce contrat est partout qualifié de contrat unilatéral, parceque, dit-on, il ne produit qu'une obligation, celle de la caution. Pour moi, je le regarde comme un contrat synallagmatique. Dans ses effets, dans ses conséquences, en effet, si la caution seule s'oblige envers le créancier, elle ne s'oblige qu'autant que le principal débiteur ne paye lui-même, et à son tour le créancier est obligé, vis-à-vis de la caution, à ne la poursuivre qu'après avoir discuté les biens du débiteur, et son inaction, s'il était mis en demeure, le rendrait responsable. En outre, la caution qui a payée, est subrogée aux droits du créancier (2021, 2024, 2029). Le cautionnement fait donc naître entre la caution et le créancier des engagements réciproques; à ce point de vue, le cautionnement est bien un contrat synallagmatique.

Il est gratuit de sa nature, c'est un office d'ami; mais de son essence il n'est point gratuit, et je pense que la caution pourrait stipuler du tiers qu'elle cautionne une somme quelconque à titre d'émolument ou de prime.

Il est personnel dans son objet, c'est-à-dire que celui qui répond de la solvabilité d'autrui, n'est dirigé dans cet acte que par des considérations personnelles.

Il est accessoire, car il suppose nécessairement la préexistence d'une obligation principale.

Le cautionnement étant essentiellement accessoire, il s'ensuit qu'il n'est valable qu'autant que l'obligation principale est valable elle-même (2012). On conçoit très bien que l'accessoire ne puisse vivre lorsque le principal ne vit pas; il s'ensuit aussi que la caution ne peut pas promettre plus que ce qui est dû par le débiteur ni s'engager sous des conditions plus dures. Cependant, s'il a été contracté dans un de ces cas, il ne s'ensuit pas qu'il puisse être considéré comme non avenu, il est seulement réductible au montant de la dette et aux modalités sous lesquelles elle a été contracté. Il peut, du reste, être contracté pour une partie de la dette principale et sous des conditions moins rigoureuses que celles qui obligent le principal débiteur (2013).

Le cautionnement, comme toute autre obligation, ne saurait être étendu au delà des limites dans lesquelles il a été contracté. Si la caution a stipulé qu'elle ne s'engageait que pour une partie de la dette principale, son engagement ne s'étend point au delà; mais, si les termes du cautionnement sont généraux ou indéfinis, la caution se trouve engagée à toutes les obligations, tant principales qu'accessoires, qui dérivent du contrat primitif.

On peut cautionner toute espèce d'obligation; celle de faire, aussi bien que celle de donner, alors, en effet, en cas d'inexécution par le débiteur principal, la caution est obligée d'indemniser le créancier du dommage qu'il éprouverait par suite de l'inexécution de l'obligation principale.

Enfin, on peut cautionner une obligation accessoire, même celle d'une caution (2014).

Qualités que doit offrir la caution.

Le débiteur obligé à fournir caution doit en présenter une dont l'engagement produise pour le créancier une sûreté facile.

La caution doit donc être :

1° *Capable de s'obliger;* il ne saurait en être autrement, car l'engagement serait alors illusoire. Ainsi le créancier peut refuser pour caution un mineur, un interdit, une femme mariée non autorisée;

2° *Solvable;* d'après l'article 2019, C. civ., la solvabilité de la caution ne s'estime qu'eu égard à ses propriétés foncières, excepté en matière commerciale, ou lorsque la dette est modique. Toutefois, on ne doit point prendre en considération les immeubles litigieux, ni ceux dont la discussion deviendrait trop difficile par l'éloignement de leur situation;

3° Domiciliée dans le ressort de la Cour d'appel où elle doit être donnée.

Si la caution fournie par le débiteur devient insolvable il doit en être donné une autre. Le créancier ne saurait être privé par un fait qui ne lui est pas personnel d'une garantie sans laquelle, peut-être, il n'aurait pas contracté.

Mais, si le créancier avait choisi lui-même sa caution, le débiteur qui n'a pas été libre dans le choix ne peut être responsable de l'insolvabilité de la caution; le créancier, en faisant ce choix lui-même, a assumé sur lui toutes les éventualités de l'avenir. La caution doit être renouvelée encore lorsqu'elle vient à transporter son domicile hors du ressort de la cour d'appel, où elle a été reçue, à moins qu'elle ne fasse élection de domicile dans un lieu de ce ressort.

Des effets du Cautionnement.

§ Ier. De l'effet du cautionnement entre le créancier et la caution.

L'article 2021 proclame ce principe fondamental que la caution n'est obligée envers le créancier à le payer, qu'à défaut du débiteur, qui doit être préalablement discuté dans ses biens. Mais cette règle générale est restreinte par plusieurs exceptions. Ainsi la caution peut renoncer au bénéfice de cette discussion (2021). Ce bénéfice ne peut être invoqué ni par les cautions solidaires (2021), ni par les cautions judiciaires (2032).

Le créancier, du reste, n'est pas de plein droit obligé de discuter préalablement les biens du débiteur principal ; il n'est tenu de le faire que si la caution le requiert. La caution qui veut se prévaloir du bénéfice de discussion doit l'opposer sur les premières poursuites dirigées contre elle (2022).

Elle doit indiquer au créancier les biens du débiteur principal et avancer les deniers suffisants pour faire la discussion, mais elle ne doit pas indiquer des biens du débiteur situés hors de l'arrondissement de la Cour d'appel du lieu où le paiement doit être effectué, ni des biens litigieux, ni ceux hypothéqués à la dette qui ne sont plus en la possession du débiteur.

La discussion ayant lieu uniquement dans l'intérêt de la caution, il ne serait pas juste de mettre les recherches et les frais qu'elle nécessite à la charge du créancier. La loi ne permet pas même que celui-ci soit exposé à des retards ou à des difficultés avec des tiers ; elle a voulu même que la possession des tiers détenteurs soit respectée dans le cas où quelques immeubles affectés à la dette ne sont plus entre les mains du débiteur principal.

Toutes les fois que la caution a fait l'indication autorisée par l'art. 2023 et fourni es deniers, le créancier est, jusqu'à concurrence des biens indiqués, responsable à l'égard de la caution, de l'insolvabilité du débiteur principal survenue par le défaut de poursuites (2024).

Lorsque plusieurs personnes se sont rendues cautions d'un même débiteur et pour la même dette, elles sont obligées, chacune, pour la totalité de la dette (2025). Ce principe ne suppose pas entr'elles de solidarité. C'est une règle inflexible que la solidarité ne se présume point ; elle doit résulter soit d'une convention expresse, soit d'une disposition formelle de la loi.

Lorsqu'une des cautions d'une même dette est poursuivie seule pour la totalité de cette dette, elle peut exiger que le créancier réduise son action à la part de chaque caution (2026). Ce droit est fondé sur la nécessité d'éviter un circuit d'actions que la loi prévient en permettant à chaque caution d'opposer le *bénéfice de division* au créancier qui la poursuit. Cette exception, à la différence du bénéfice de discussion, peut être proposée en tout état de cause.

Les cautions, ou une d'elles, peuvent renoncer au bénéfice de division, qui est un droit établi en leur faveur. Il faut aussi que les diverses cautions contre lesquelles se divise l'action du créancier soient solvables au moment où l'exception est proposée; elles sont tenues contributoirement de la portion de celles qui seraient alors notoirement insolvables, mais elles n'ont pas à répondre des insolvabilités qui seraient survenues depuis la division (2026).

Si le créancier divise volontairement son action entre les diverses cautions, il ne peut (2027) revenir contre cette division, quoiqu'il y eut, même antérieurement au temps où il l'a ainsi consentie, des cautions insolvables, car cette division volontaire renferme une renonciation implicite au droit d'exiger, des cautions solvables, la part de celles qui ne le sont pas.

Il existe au profit des cautions un troisième bénéfice appelé *cession d'actions*. Il s'est modifié en passant de la législation romaine dans la notre, et a pris le nom de *subrogation*. Je m'occuperai de cela dans le paragraphe suivant.

§ II. De l'effet du cautionnement entre le débiteur et la caution.

La caution qui a payé a son recours contre le débiteur principal, soit que le cautionnement ait été donné au sû ou à l'insû du débiteur (2028). La caution, en effet, s'est engagée pour faciliter une transaction entre le débiteur et le créancier, et non point pour gratifier celui là. Il est de toute justice qu'elle puisse se faire rembourser par le débiteur ce qu'elle a payé pour lui au créancier.

Cette action de recours s'étend du principal aux intérêts et aux frais. Ces objets constituent les avances que la caution peut réclamer avec intérêts, du jour où elles ont eu lieu. Ce droit résulte implicitement pour elle de l'art. 1155 et de l'art. 2001. D'après lequel « l'intérêt des avances faites par le mandataire lui est dû par le « mandant, à compter du jour des avances contractées. » Or, la caution qui s'est engagée avec le consentement du débiteur est devenue, par là même, mandataire de ce dernier. Si elle s'est engagée à son insû elle doit être assimilée à un gérant d'affaires et l'art. 2001 du C. c. lui est applicable par analogie.

La caution n'a de recours que pour les frais faits par elle depuis qu'elle a dénoncé au débiteur les poursuites dirigées contre elle. Le débiteur ne saurait être forcé à supporter des frais qu'il aurait pu empêcher, s'il avait eu connaissance des poursuites dirigées contre la caution. Ce recours peut s'étendre même à des dommages et intérêts.

S'il y a plusieurs débiteurs solidaires et que la caution se soit obligée pour tous, elle peut poursuivre chacun pour le tout. Si elle n'a répondu que pour quelques uns elle n'aura son action entière que contre ceux qu'elle aura cautionnés: quant aux autres elle est vis-à-vis d'eux dans les mêmes droits que le créancier; elle ne pourra leur demander que la part contributoire que chacun d'eux aurait supportée (2030).

La caution qui a payé la dette est subrogée à tous les droits du créancier contre le débiteur (2029).

C'est là une des applications de l'art. 1251, d'après lequel la subrogation a lieu de plein droit au profit de celui qui, étant tenu avec d'autres ou pour d'autres au paiement de la dette, avait intérêt de l'acquitter.

L'effet de la subrogation est de transférer à la caution non seulement tous les droits du créancier mais encore la créance elle-même.

Dans certains cas la loi accorde à la caution, même avant d'avoir payé (2032), le pouvoir d'agir contre le débiteur pour être indemnisée par lui. La loi s'exprime ici d'une manière inexacte car, dans aucun des cinq cas qu'elle mentionne, il n'est question de dommages et intérêts.

La caution qui a payé une première fois n'a point de recours contre le débiteur principal qui a payé une seconde fois, lorsqu'elle ne l'a point averti du payement fait par elle (2031). Il est évident que le débiteur n'aurait pas payé s'il eût connu le paiement opéré par la caution. Dès lors il est juste que le créancier qui a reçu deux fois le montant de sa créance soit soumis à une action en répétition de la part de la caution. Il en est de même si la caution paye sans être poursuivie et sans avertir le débiteur principal dans le cas où au moment du paiement ce dernier aurait eu le moyen de faire déclarer la dette éteinte.

Enfin, la caution peut agir en indemnité contre le débiteur principal lorsqu'il s'est obligé à lui rapporter sa décharge dans un certain temps et que ce temps s'est écoulé.

C'est encore pour éviter un circuit de poursuites que la loi n'accorde à la caution qui a acquitté la dette qu'un recours divisé contre tous ses cofidéjusseurs, encore faut-il qu'elle ait payé la dette dans l'un des cas indiqués par l'art. 2032 du Code civil.

Elle est, du reste, subrogée aux droits du créancier et elle peut exercer divisément contre chacune des autres cautions les droits privilégiés ou hypothécaires dont le créancier jouissait à leur égard.

Extinction du Cautionnement.

L'obligation qui résulte du cautionnement s'éteint par les mêmes causes que les autres obligations (2034). Il n'y avait aucune raison pour faire fléchir ici les règles générales.

La loi prévoit maintenant une hypothèse particulière; c'est que la confusion qui s'opère dans la personne du débiteur principal et de la caution, qui deviendraient héritiers l'un de l'autre, n'éteint pas l'action du créancier contre la caution de la caution,

En effet, cette confusion laisse subsister la dette vis-à-vis du créancier. D'un autre côté elle ne fait que réunir en une seule obligation les obligations du débiteur et de la caution qui étaient distinctes; dès lors le cautionnement étant seulement transformé, non pas éteint, le tiers qui a répondu de la caution ne saurait être libéré.

Le cautionnement s'éteint aussi: 1° Par l'extinction de l'obligation principale; mais le paiement de la dette au créancier n'anéantit l'obligation de la caution qu'autant qu'il n'y a pas eu subrogation;

2° Lorsque la subrogation aux droits, privilèges et hypothèques du créancier ne peut plus par le fait ou la négligence de celui-ci s'opérer en sa faveur. Il ne peut pas dépendre du créancier, de frustrer la caution d'un droit que la loi lui accorde et en vue duquel, peut-être, elle s'était obligée;

3° Lorsque le créancier a consenti à recevoir en paiement un objet quelconque, quoique le créancier vienne à être évincé de l'objet reçu. Une dette éteinte ne peut plus revivre.

La simple prorogation du terme ne libère pas la caution, mais elle peut agir contre le débiteur et le contraindre à désintéresser le créancier ou à consigner une somme suffisante ou obtenir sa décharge.

Des règles particulières imposées à certaines cautions.

Les règles que nous venons de tracer s'appliquent à toutes les cautions conventionnelles, légales et judiciaires (2040); mais il existe des règles qui sont particulières aux cautions légales et judiciaires.

La caution judiciaire est soumise à une condition spéciale ; elle doit être susceptible de la contrainte par corps. On ne saurait multiplier trop les garanties ; il ne saurait y en avoir de trop rigoureuses quand il s'agit de l'exécution des arrêts de la justice.

Celui qui ne peut fournir une caution soit légale, soit judiciaire, est reçu à donner à sa place un gage en nantissement suffisant. Il peut, à plus forte raison, consigner le montant de la dette; c'est là le gage le plus complet et le plus sûr.

Les cautions conventionnelles et légales jouissent du bénéfice de discussion qui est refusé aux cautions judiciaires (2042). Le bénéfice de division ne leur est pas enlevé. L'exécution des arrêts de la justice doit se faire avec promptitude. Par la même raison celui qui a simplement cautionné la caution judiciaire ne peut demander la discussion ni du débiteur principal ni de la caution.

DROIT COMMERCIAL.

De l'acceptation des Lettres de Change.

L'acceptation d'une lettre de change est le contrat par lequel le tiré promet de payer.

Dans la lettre de change il n'y a d'obligé dans le principe que le tireur et le preneur. Lorsque le tiré a accepté, il se forme un nouveau contrat; le tiré devient débiteur principal, le tireur et l'endosseur ne sont plus que des garants.

L'acceptation se fait par écrit sur la lettre ordinairement, mais rien n'empêche de la consigner dans un acte séparé. Elle est exprimée par le mot *accepté*, et pourrait l'être aussi par un équivalent qui ne serait susceptible d'aucune autre interprétation. Si la lettre est payable à jour ou à mois de vue elle doit être datée, car cette date détermine l'époque de l'échéance. Le défaut de date dans ce dernier cas rend la lettre exigible au terme qui y est exprimé, à compter de sa date. La signature étant exigée il s'ensuit que celui qui ne sait pas signer ne peut accepter qu'au moyen d'un procureur fondé.

L'acceptation doit être pure et simple; si elle était donnée conditionnellement elle serait nulle et la traite pourrait être protestée. Elle peut être faite pour une partie de la somme mais, dans ce cas, le porteur est tenu de faire protester pour le surplus de la somme. Le protêt a pour objet de faire disparaître non seulement la condition mais encore l'acceptation. Si l'on ne protestait pas on serait censé accéder aux conditions, et l'acceptation serait valable entre les parties.

Le porteur peut requérir l'acceptation de deux manières : 1° par lui-même, s'il se présente au tiré ou lui envoie l'effet par lettre en le priant de le lui retourner revêtu de son acceptation ; 2° par intermédiaire.

Lorsqu'il emploie un *correspondant*, c'est un mandat qu'il confie, et le mandataire est responsable du défaut d'acceptation ou de paiement, si par sa faute ou sa négligence le tiré vient à tomber en faillite ou devient insolvable avant que la traite ait été présentée à l'acceptation.

Il peut arriver que le porteur de la lettre en fasse l'endos au profit du tiré lui-même ; celui-ci est alors créancier et débiteur, il y a confusion, et la lettre étant éteinte il ne peut plus la négocier.

L'acceptation doit être requise et le protêt fait au domicile du tiré, alors même que la lettre serait payable au domicile d'un tiers ; il est plus naturel, en effet, de demander une promesse dans le lieu où celui qui doit la faire a son domicile ordinaire, que dans celui où il ne réside pas, où il n'est pas obligé de se transporter ; à moins, toutefois, que l'intention contraire des parties ne résulte des circonstances.

On n'est pas tenu de présenter la lettre à l'acceptation ; lorsqu'on agit ainsi on cherche à se procurer une garantie de plus dans la personne de l'accepteur. Il est des cas cependant où le porteur est obligé de présenter la lettre au tiré : 1° si le tireur a imposé cette condition ; 2° si l'acceptation doit fixer la date de l'échéance. Dans le premier cas il ne perdrait pas son recours contre le tireur, mais il n'aurait contre lui qu'un recours dérisoire, car il pourrait être repoussé par l'exception fondée sur le dommage qu'il lui aurait causé par sa négligence ; dans la seconde hypothèse il perdrait tout recours contre les endosseurs et le tireur, surtout si ce dernier a fait provision, s'il n'exige point l'acceptation ou le paiement dans certains délais fixés par la loi du 19 mars 1817.

Ces délais ne sont point fixés d'une manière exacte. Cependant il faut que le propriétaire de la lettre donne au tireur le temps de faire la provision. Quand la traite a été présentée, l'article 125 donne vingt-quatre heures au tiré pour faire ses réflexions ; passé ce délai, si elle n'est pas rendue aceptée ou non, celui qui la retiendrait serait passible de dommages et intérêts.

Le tiré acceptant est le premier à qui le porteur doit demander le paiement (124). L'acceptation est irrévocable, le tireur, le tiré et les endosseurs ayant tous intérêt.

Si la lettre de change est refusée à sa présentation, ce refus est constaté par un protêt faute d'acceptation, et ce protêt donne au porteur, sur la notification qu'il en fait au tireur et aux endosseurs, le droit de les forcer à payer ou à donner caution du paiement à l'échéance (120).

On peut accepter par intervention, mais cet acte conserve au porteur tous ses droits contre le tireur et les endosseurs à raison du défaut d'acceptation du tiré.

PROCÉDURE CIVILE.

Des personnes qui peuvent compromettre et des objets sur lesquels le compromis peut avoir lieu.

Le compromis est une convention ou contrat par lequel des personnes en procès ou près d'y entrer nomment des arbitres pour juger leur différend, promettant de s'en rapporter à leur décision.

L'arbitrage est *volontaire* ou *forcé*.

L'arbitrage volontaire autorisé par le droit romain (D. L. 4. T. 8 de receptis), et par l'ancien droit français (Édits de 1535, 1560), fut indiqué aux parties par l'article 60 de la loi du 22 frimaire an 8, comme la première juridiction à laquelle elles dûssent avoir recours.

Aujourd'hui les plaideurs peuvent, en général, soumettre à tels arbitres qu'il leur plait toutes les contestations qui surgissent entr'eux.

L'arbitrage forcé fut introduit dans notre législation, d'abord pour certaines contestations entre parents, par l'édit de 1560 et l'ordonnance de Moulins; puis, pour les contestations commerciales entre associés, par l'ordonnance de 1673; enfin, pour les différents entre parents, par la loi du 24 août 1790.

Le compromis est aujourd'hui libre, facultatif. La loi ne l'exige que pour les contestations entre associés en matière commerciale, encore les associés sont-ils libres de substituer l'arbitrage volontaire à l'arbitrage forcé.

Nous allons examiner dans un premier paragraphe quelles sont les personnes qui peuvent ou ne peuvent compromettre dans un second; qu'elles sont les choses sur lesquelles on peut ou on ne peut compromettre; nous indiquerons enfin les principales formes du compromis.

§ 1ᵉʳ. Quelles personnes peuvent et quelles personnes ne peuvent pas compromettre.

Le compromis est un véritable contrat : il est donc soumis à toutes les règles des contrats. Il a une grande analogie avec la transaction, mais il en diffère en ce sens que dans la transaction les parties sont leurs juges, tandis que dans le compromis elles nomment des arbitres à la décision desquels elles se rapportent.

De tout cela on tire facilement la conséquence que pour compromettre il faut être capable d'aliéner. C'est, du reste, le sens de l'article 1003 : « Toutes personnes peu« vent compromettre sur les droits dont elles ont la libre disposition. » La loi exige cependant que la cause ne soit pas sujette à la communication au ministère public (1004).

Toute personne peut contracter (Code civil. 1123), si la loi ne l'a pas frappé d'incapacité ; nous sommes donc conduits naturellement à rechercher qui sont ceux à qui la loi refuse cette autorisation.

Ne peuvent compromettre :

1° L'interdit (C. C. 509, 499);

2° Le mineur non émancipé (C. C. 481);

3° Les individus pourvus d'un conseil judiciaire sans l'assistance de ce conseil (C. C. 513);

4° Les femmes mariées non autorisées (C. C.), sauf exceptions;

5° Le tuteur, même avec l'autorisation du conseil de famille;

6° Le curateur aux biens d'un absent ou à une succession vacante

7° L'envoyé en possession provisoire des biens d'un absent;

8° Les mandataires qui n'ont qu'un pouvoir général;

9° L'héritier bénéficiaire;

10° Les maires et administrateurs des hospices et établissements publics;

11° Les condamnés par contumace même pendant le délai de cinq ans qui leur est accordé pour se représenter;

12° Le mort civilement;

13° Le condamné à une peine afflictive ou infamante.

Les mineurs et les interdits ne peuvent s'obliger par eux-mêmes. Le tuteur lui-même n'a point la libre disposition des biens du mineur. Il peut repondre seul et sans autorisation à toute demande mobilière formée contre son pupille, mais il n'a jamais le droit de compromettre. Dans les cas mêmes où il pourrait transiger, le tribunal n'homologue que sur l'avis de trois jurisconsultes et, d'ailleurs, le ministère public qui doit veiller aux droits du faible, est toujours entendu.

Le mineur émancipé ne peut compromettre que sur des contestations relatives à des actes de pure administration.

La loi ayant donné au mari l'administration des biens et ayant placé la femme dans une espèce de tutelle, il s'ensuit qu'elle ne peut compromettre sans l'autorisation de son mari ou de la justice, à moins qu'elle ne soit séparée de biens ou mariée sous le régime dotal, ou marchande publique; dans ce dernier cas elle peut compromettre relativement aux actes de son commerce.

Les prodigues ne peuvent compromettre que sur les droits dont ils ont la libre disposition.

Le curateur aux biens d'absents ou à une succession vacante n'est qu'un administrateur qui n'a pas qualité pour aliéner les biens dont la gestion lui est confiée. Il en est de même des envoyés en possession provisoire des biens d'un absent.

Enfin le condamné par contumace, le mort civilement, le condamné à une peine afflictive et infamante par une conséquence de l'état d'interdiction dans lequel il est placé par la loi.

§ 2. Des objets sur lesquels peut avoir lieu, et des objets sur lesquels ne peut avoir lieu le compromis.

Toute matière est, en général, susceptible de compromis. L'article 1003 n'y met d'autre condition que d'avoir la libre disposition du droit sur lequel on agit.

Cependant il faut excepter celles qui intéressent l'ordre public; c'est une conséquence de la nature du compromis et des principes généraux des contrats.

Ainsi l'on ne peut compromettre :

1° Sur les questions d'état, les mariages, les séparations, soit de corps soit de biens; toute séparation volontaire est nulle; la cause doit être communiquée au ministère public; l'ordre public y est intéressé (C. C. 1443);

2° Sur les dons et legs d'aliments, logement, vêtements. On a craint que le donataire ne se laissât trop facilement dépouiller, mais il en est autrement si les aliments ne résultent pas d'un legs ou d'un don. L'article 1004 ne parle que de ces derniers, et les exceptions ne doivent pas être étendues;

3° Sur toutes les causes sujettes à communication au ministère public, excepté dans le cas de requête civile pour lequel l'article 1010 autorise expressément l'arbitrage.

Permettre l'arbitrage pour des causes de cette nature ce serait donner aux parties un moyen facile de se soustraire au contrôle du ministère public que l'on a jugé nécessaire dans un intérêt d'ordre général.

En conséquence ne peuvent, en aucun cas, être soumises aux arbitres, toutes les contestations sur une des causes énumérées en l'art. 83 du Code de procédure.

Examinons maintenant les diverses formes du compromis.

§ 3. Comment peut être fait le Compromis.

Le compromis doit être rédigé par écrit. Il peut se faire par procès-verbal devant les arbitres, ou par acte notarié, ou sous-seing privé; toutes les formes sont bonnes; mais il est assujetti aux règles requises pour la validité des actes en général.

L'arbitrage peut être constaté encore par un procès-verbal de non-conciliation. Le juge de paix chargé de concilier les parties peut bien constater leurs conventions.

DROIT ADMINISTRATIF.

DES CONFLITS DE JURIDICTION.

Un conflit est une espèce de contestation sur la compétence.

Il est positif ou négatif: positif, lorsque deux tribunaux veulent retenir la connaissance d'une cause; négatif, s'ils refusent de la juger.

Il y a deux sortes de conflits: les *conflits d'attribution* et les *conflits de juridiction*.

Les *conflits d'attribution* ont lieu lorsque deux tribunaux d'un ordre différent veulent tous deux retenir ou renvoyer la connaissance d'une cause.

Ils sont de *juridiction* lorsqu'ils s'élèvent entre des tribunaux de même ordre.

Nous allons nous occuper des deux sortes de conflits de juridiction en matière administrative.

§ Ier. Conflits positifs.

Il y a conflit positif de juridiction administrative lorsque deux tribunaux administratifs veulent tous deux connaître la même affaire.

Qui jugera ce conflit?

Avant 1789, le roi ou son conseil statuait sur les confflits de juridiction. En 1790, le roi, avec recours au corps législatif, avait la connaissance des conflits. La Convention, en accaparant tous les pouvoirs, décida, par elle ou par ses comités, de tout ce qui regardait les conflits. Le Directoire, enfin, puis le Conseil d'État, furent investis du droit de les juger. Depuis l'an 8 il en est ainsi.

La Constitution de 1848 a créé un tribunal spécial de conflits mais qui ne statue que sur les conflits d'attribution ; la connaissance des conflits de juridiction a été, comme précédemment, déférée au Conseil d'État.

Ce conflit n'est, à proprement parler, qu'un règlement de juges. Le délai accordé au Conseil d'État pour statuer est de deux mois.

§ II. Des Conflits négatifs.

Le conflit négatif de juridiction qui a lieu lorsque deux tribunaux administratifs se déclarent incompétents, n'est comme le conflit positif, mais en sens inverse, qu'un règlement de juges. Il est soumis conséquemment aux mêmes règles et aux mêmes formes.

Vu par nous Professeur, président de thèse,

L. CABANTOUS.

Vu et permis d'imprimer ;
Le Recteur de l'Académie d'Aix,

ROUSTAN.

www.ingramcontent.com/pod-product-compliance
Lightning Source LLC
Chambersburg PA
CBHW070456080426
42451CB00025B/2757